AF252423

FETE

EN L'HONNEUR DE

MARAT ET LEPELLETIER

Célébrée par la Section du Mont-Blanc, le 12 Frimaire, l'an deuxième de la République.

ORDRE

Et marche de la Fête célébrée le duodi 12 Frimaire de la seconde année de la République française une et indivisible, par la section du Mont-Blanc, pour l'inauguration des bustes de MARAT *et* LEPELLETIER.

Le lieu du rassemblement est le jardin du citoyen *Ruggiery*, rue Saint-Lazare, à neuf heures précises du matin.

A dix heures, le cortège, composé des députations des autorités constituées, des sociétés populaires, de tous les citoyens de la section, d'un corps de musiciens, et des artistes de tous les théâtres, défilera à droite, par la rue Saint-Lazare jusqu'à la rue du Mont-Blanc, où se fera la première station à la MONTAGNE, érigée dans cette rue. Discours et hymne en enlevant les bustes de *Marat* et *Lepelletier*, qui y seront déposés.

La rue du Mont-Blanc jusqu'à la rue ci-devant de Provence, la rue ci-devant de Provence jusqu'à la rue Saint-Georges, la rue Saint-Georges jusqu'à la rue St-Lazare à droite, jusqu'au carrefour de la rue des Martyrs, où se fera la seconde station au tombeau érigé en l'honneur des braves Sans-Culottes morts en défendant la cause de la liberté. Discours et hymne.

La rue du fauxbourg Mont-Martre, station à l'orette, d'où sortira le grouppe de la raison, de la liberté et de l'égalité. La rue du fauxbourg Mont-Martre jusqu'au boulevard où se fera la troisième station au monument élevé pour représenter, au naturel, *Marat* dans sa baignoire, et *Lepelletier* sur son lit de mort. Premier discours adressé à Marat, et couplets; second discours adressé à *Lepelletier*, complainte et serment du *Siége de Lille* de la rue Faydeau.

Le boulevard à droite jusqu'à l'arc de triomphe du boulevard de la rue Favart. Quatrième et dernière station, musique à grands chours; discours, serment en musique, et discours des orateurs qui voudront bien se présenter.

DISCOURS

PRONONCÉ

PAR LE CITOYEN

CADET-GASSICOURT

A l'inauguration des bustes de MARAT *et le* PELLETIER, *faite le 12 Frimaire, à la Section du* MONT-BLANC.

CITOYENS,

En voyant la foule qui m'environne, en pensant au motif qui nous rassemble, aux sentimens qui nous animent, ému, saisi

A

d'admiration et d'attendrissement, je suis tenté de m'écrier : Est-ce bien là ce peuple qui vient de naître à la liberté! A peine quatre ans se sont écoulés depuis qu'il a brisé ses chaînes et déjà son ame a secoué le joug de tous les préjugés. Il ne croit plus qu'à la vertu, à la justice, à l'humanité. Il a renversé les idoles de la superstition, il n'a d'autre culte que celui de la la nature, d'autre Dieu que celui de la raison et il ne décerne des honneurs qu'aux grands hommes.

Qu'il me soit permis un moment de vous rapeller les tems de notre esclavage. Lorsque la mort frappait un grand de la terre, on portait fastueusement sa dépouille dans un temple orné comme un theâtre. Là, au milieu d'une pompe magnifique payée de la substance du peuple, un prêtre sycophante, un apôtre du mensonge vantait la naissance du prince, érigeait ses crimes en vertus et prostituant toutes les richesses de l'éloquence, il cherchait à tirer quelques larmes des yeux des courtisans aussi fourbes que lui. Mais cette pompe, ces honneurs, tout était stérile. Le peuple n'entendait pas ces panégyriques, ou s'il les entendait, le cœur toujours rempli du sentiment de sa misère, il ne pouvait tirer aucun fruit d'un spectacle qui ne tendait qu'à le lui rappeller. Quelle différence entre ces ridicules momeries, et la fête que nous célébrons !

Nous avons perdu nos amis, nos défenseurs, ils ont reçu le juste tribut de nos regrets : mais il n'est plus tems de verser des larmes sur leur tombe. Il ne faut pleurer, a dit un orateur, (1) que sur la cendre des méchans, car ils ont fait le mal et ne peuvent plus le réparer. Mais celui qui, toute sa vie, fut utile aux hommes, celui qui fut toute sa vie vertueux, pourquoi le plaindre ? La pompe funèbre de l'homme juste est le triomphe de la vertu qui retourne à l'être suprême.

Consacrons cette fête par nos éloges : je sais que la vertu n'en a pas besoin, mais ils seront l'hommage de notre reconnaissance. Il en est des grands hommes comme des dieux : comblés de leurs bienfaits, nous n'avons pas pour eux des récompenses, mais des hymnes.

---

(1) Thomas, éloge de Marc-Aurèle, page 7.

Si l'un de ces héros qui ont illustré la Grèce, si Périclès était parmi nous, il nous dirait : « Citoyens, (*) c'est pour
» la patrie que sont morts les hommes
» que vous honorez. Quand vous con—
» templerez sa grandeur, songez que c'est
» à leur sang que vous la devez. En per—
» dant la vie pour l'état, ils ont mérité
» la plus honorable des sépultures, je ne
» parle pas de celle où reposent leurs os—
» semens, la gloire des grands hommes
» n'est pas renfermée sous le marbre qui
» les couvre. La terre entière est leur
» mausolée, leur nom vit dans tous les
» cœurs. Imitez ces illustres citoyens. Pen—
» sez, à leur exemple, que le bonheur
» est la liberté, et que la liberté est dans
» la grandeur de l'ame ».

Trop long-tems les honneurs, les éloges n'appartinrent qu'à la fausse gloire, à la richesse, à la tyrannie ; trop long-tems ils alimentèrent l'ambition criminelle de ces hommes qui sacrifiaient le bonheur du peuple au vain plaisir d'une distinc-

---

(*) Discours de Périclès après une victoire dans le Péloponèse.

A 4

tion frivole. Il faut maintenant que les honneurs plus justement décernés, fassent connaître à tous les citoyens que tous ont droit d'y prétendre en défendant les loix; en servant la patrie.

Il est de prétendus philosophes, il est des écrivains égoïstes et pervers, qui s'érigeant en réformateurs des mœurs, osent publier que la superstition est un frein nécessaire au peuple, qu'il est dangéreux de l'éclairer et qu'il faut bien se garder d'affaiblir sa crédulité. Pour modérer ses passions, disent-ils, effrayons son imagination active par la fiction des enfers, excitons-le au bien par le tableau séducteur des béatitudes éternelles. Quel sophisme odieux ! Taisez-vous, lâches imposteurs, connaissez mieux ce peuple que vous voulez tromper : pour être grand, pour être vertueux, il n'a besoin ni de la morale de vos prêtres, toujours démentie par leur conduite, ni des terreurs chimériques que vous voulez lui inspirer. Ce siécle est celui des lumières et de la vérité ; la vérité appartient à tous et tout citoyen a droit de l'entendre; l'erreur seule engendre le crime: mais honorons les hommes vertueux et

Les hommes vertueux naîtront en foule parmi nous. (*)

Qu'on soit obligé sous un roi de prêcher une morale dydactique, qu'on employe pour faire naître les vertus, la magie des illusions, le pouvoir de l'ambition, de l'amour ou de la crainte, je le conçois : mais dans un gouvernement populaire où l'intérêt public doit être le mobile de toutes les actions, où le sort de chaque citoyen est lié au sort de l'état,

---

(*) La réputation était le Dieu des Scandinaves ; c'était de ce seul Dieu que ces peuples attendaient leur récompense. Chacun voulait être le fils de la réputation. Chacun honorait dans les Bardes les distributeurs de la gloire et les prêtres du temple de la Renommée. Le silence des Bardes était redouté des guerriers et des princes mêmes. Le mépris était le partage de quiconque n'étaitpas fils de la réputation. Pour obtenir l'estime des Bardes, il fallait avoir rendu des services à la patrie. Le désir religieux et vif d'une réputation immortelle excitait donc les hommes à s'illustrer par leurs talens et leurs vertus. Que d'avantages une telle religion ne pourrait-elle pas procurer à une nation. (Helvétius, *de l'Homme*, tom. 3, pag. 67).

où le bonheur n'est le prix que des qualités utiles à tous ; dans une république enfin, on n'a besoin que de l'exemple, et bientôt en France, la philantropie et le patriotisme seront tellement inséparables ; qu'il sera vrai de dire : L'HOMME QUE LE CIVISME ANIME, A TOUTES LES VERTUS.

La vie des grands hommes est dans la morale des républicains. Instituteur patriote, veux-tu que l'ame de ton élève s'aggrandisse et s'épure, montres lui Mutius-Scœvola plongeant sa main dans les flammes d'un brâsier pour la punir de n'avoir pu distinguer le tyran. Montres-lui Socrate buvant froidement la cigue que lui prépara la calomnie et faisant une libation aux Dieux. Montres-lui Caton déchirant ses entrailles pour ne point survivre à la liberté de Rome. Qu'il voye Regulus sanglant préférer mille morts a la honte de trahir les intérêts de la République. Qu'il voye Sénèque se faire ouvrir les veines plutôt que d'applaudir aux crimes de Néron. N'en doutes pas ? Ces tableaux énergiques feront plus d'impression sur son ame que de vains oracles. Il jugera de ce qu'il doit à sa patrie par les sacrifices que ces héros ont fait pour la leur. Non-content de les admirer, il voudra les imiter, et rien ne lui coûtera pourvu que son pays soit libre.

O liberté sainte, premier sentiment de l'homme, la nature te grava dans nos cœurs en traits inflaçables. On a pu te combattre, t'éloigner quelque tems, mais non pas te détruire, tu subsistes par-tout où il y a des ames fortes, tu te conserves dans les chaînes, tu vis dans les prisons, tu renaîs sous la hache des licteurs.

Mais sans rien emprunter à l'antiquité, bientôt promenant son fils parmi les monumens que la république française élève à la gloire de ses illustres défenseurs, un père pourra lui donner ces leçons sublimes. Voyez-le s'arrêter devant le temple auguste qui renferme la dépouille mortelle de nos héros, il lit avec transport cette inscription majestueuse : *aux grands hommes la patrie reconnaissante.*

L'enfant saisi de respect pénètre dans un silence religieux sous les voûtes magnifiques du Panthéon. Là ses regards se fixent sur une tombe. O mon fils, dira le père, ici repose l'Ami du Peuple. Son nom cher aux républicains a souvent frappé

ton oreille, tes yeux souvent ont con-
templé son image ; mais sais-tu mon
fils tout ce qu'il a fait pour ta patrie ?
Sais-tu que son audace généreuse affronta
le tyran quand le peuple trompé lui lais-
sait encore la suprême puissance. Sais-tu
que persécuté sans cesse, mais jamais ré-
buté, du fond d'un souterrein il appellait
la vengeance du peuple sur les traîtres qui
voulaient l'asservir. Le jour, sa voix ton-
nait à la tribune ; la nuit, il composait ces
écrits brûlans qui faisaient trembler les
partisans des rois. D'une main il tenait
sans cesse le fer libérateur de Brutus, de
l'autre il recevait la plainte de l'innocent
opprimé. La haîne, la calomnie l'ont pour-
suivi sans relâche et *ne pouvant le cor-
rompre, elles l'ont assassiné.* Cette statue,
mon fils, est celle du premier législateur
qui vota la mort du tyran. Avant que le
glaive vengeur des lois eût fait justice du
despote, *Lepelletier* tomba sous les coups
d'un lâche meurtrier. Que ne l'as-tu vu,
souriant à ses derniers momens, s'écrier :
*Je suis satisfait de verser mon sang pour
la Patrie, j'espère qu'il servira à conso-
lider la Liberté et à faire connaître ses*

ennemis. Retiens bien ces paroles, mou fils, elles doivent être gravées dans la mémoire de tout républicain.

Martyr de notre, liberté recevez nos hommages, votre trépas est le même : mais, quel contraste heureux nous présente votre vie ! l'un né sur les bords de ce lac, (*) affranchi par Guillaume Tell, eut le courage de quitter l'heureuse Helvétie et de venir porter nos fers pour nous aider à les rompre : l'autre né dans cette classe orgueilleuse qui soutenait le despotisme afin de conserver ses odieux privilèges, eut assez de vertu, pour quitter la pourpre, et descendu de son rang, s'élever jusqu'au peuple. L'un surmonta la pauvreté, l'autre triompha de la richesse. O mon fils, apprends par leur exemple qu'une ame vertueuse, dans quelqu'état que la placé la nature, ne connaît pas d'obstacle pour servir sa patrie ! Citoyens, quel prêtre, quel moraliste pourrait se flatter de former mieux le cœur d'un jeune homme aux vertus républicaines.

(*) Marat est né à Genève.

Déjà je n'en puis douter, nous devons à la mort de ces victimes, nous devons aux honneurs que nous leur avons rendus une foule de traits héroïques. Si *Charlier* a bravé la fureur des rébelles, s'il a défendu jusqu'au dernier soupir la cause de la République; si *Bayle* et *Bauvais* sont restés constament dans les murs de Toulon et s'ils y ont trouvé la mort la plus douloureuse, ils ont puisé leur courage dans la reconnaissance que nous vouons à ceux qui se sacrifient pour la république.

Dans un gouvernement despotique les cérémonies publiques, quelque soit leur pompe, sont insignifiantes : leur éclat est superficiel, la grandeur qu'on y déploye n'est que de l'orgueil, Mais chez des républicains, les fêtes, les usages ont un caractère de majesté que l'on ne peut méconnaître. Le peuple souverain s'y montre, et sa dignité imprime à tous les cœurs un sentiment de vénération. Chacune de ses actions exprime on son pouvoir ou ses vertus. Chaque cérémonie à un sens clair qui frappe tous les esprits, ou qui intéresse tous les cœurs. S'il couvre sa tête du bonnet de l'indépendance, on se rappelle celui que

le libérateur de la Suisse trempa dans le sang de l'infâme Ghisler et qu'il éleva sur le fer d'une pique en criant à ses illustres compagnons : AMIS NOUS SOMMES LIBRES, LE TYRAN N'EST PLUS. Si conduit par la victoire il plante notre arbre sacré sur un sol étranger, ses transports, ses chants, son enthousiasme disent au peuple étonné : « Voici l'emblême du corps social, l'i-
» mage de notre République. Ce tronc
» respectable représente l'assemblée de
» nos législateurs : Ces racines qui pom-
» pent les sucs bienfaisans de la terre ,
» ce sont les sociétés populaires qui pui-
» sent par-tout les principes vivifians, bases
» éternelles de nos loix. Cette sève qui
» parcourt l'écorce, les branches et les
» feuilles. C'est le patriotisme qui anime
» tous les cœurs , en voyant ces bras cou-
» verts de verdure, qui s'entrelacent élé-
» gament et qui partent tous du même
» centre , on conçoit l'accord qui nous unit,
» l'amour fraternel qui de 25 millions
» d'hommes ne fait qu'une famille,
» quand la sève abandonne quelques ra-
» meaux, le cultivateur industrieux les
» émonde, c'est ainsi que l'on retranche
» de

» de la société ceux chez qui s'éteint le pa-
» triotisme. Le bonheur public commande
» ce léger sacrifice ; mais si quelque main
» voulait désunir les branches principa-
» les ..... arrachez vite le fer destructeur,
» amis, l'arbre périrait, cette main cri-
» minelle, c'est le fédéralisme ».

Pour trouver des institutions aussi sim-
ples, aussi intéressantes, aussi expressives,
il faut oublier tous les siècles de monar-
chie et remonter aux premiers tems de Rome
et de la Grèce.

Ah ! pourquoi le flambeau de la phi-
losophie ne peut-il en ce moment éclairer toutes les nations ? Quelle serait leur
admiration pour nous, et combien elles
rougiraient d'avoir si long tems repoussé
nos bienfaits ! Mais il n'est pas loin ce tems
où l'étendart de la liberté flottera sur toutes
les cités. Les despotes tremblent et recu-
lent devant nos armées victorieuses. Quelques instans, docile à leur voix, la dis-
corde a secoué sur nous sa torche em-
poisonnée, mais le glaive révolutionnaire a
frappé l'hydre du fédéralisme et la dis-
corde a fui dans son antre ténébreux. Les
trésors des tyrans s'épuisent, les yeux de

leurs esclaves commencent à s'ouvrir. Déjà l'anglais farouche murmure, déjà le 'a-tave prononce le nom de paix. Gand ferme ses portes à l'Aigle Impériale et nous apelle à son secours ; le prussien automate a connu 'la crainte, les flots tumultueux du Rhin sont prêts à l'engloutir ; encore quelques instaus de constance, de courage, d'union, et les nations glacées du Nord, celles du Midi, les puissances insulaires, les peuples ultramontains, ne fléchiront plus les genoux devant les despotes ou les prêtres ; les trônes disparaîtront de la terre, et le genre humain heureux par nous, n'élèvera plus d'autels qu'à la raison et à la liberté.

VIVE LA RÉPUBIQUE !

PREMIERE STATION,

A LA MONTAGNE.

DISCOURS en enlevant les Bustes.

Citoyens,

Un devoir sacré nous réunit tous en ce jour mémorable; c'est aujou. d'hui, citoyens que nous allons ceindre d e la palme immotelle les bustes de *Marat* et *Lepelletier.* Les voyez-vous, citoyens, ces bustes sacrés, sur le sommet de cette montagne où ces amis du peuple préparèrent la liberté de l'univers, de cette montagne sainte où leur voix fit trembler si souvent les traîtres, les complices du tyran ! C'est envain que, du fonds d'un marais fangeux, des reptiles venimeux, des crapauds croassant voulurent étouffer cette voix mâle et énergique; Marat et Lepelletier foulèrent aux pieds ces monstres liberticides, et préparèrent ainsi la chûte du dernier tyran des français, et celle de tous les tyrans de la terre.

Citoyens, levez les yeux sur cette montagne redoutable aux méchans : contemplez tous les martyrs de la liberté que nous y avons réunis : voyez-vous *Chaslier*, cet illustre républicain, assassiné lâchement dans une commune perfide, par les suppots de la tyrannie et de l'esclavage ! entendez-vous les douloureux accens des deux représentans du peuple *Beauvais* et *Pierre Bayle*, égorgés dans Toulon par les traîtres qui ont livré cette commune aux lâches anglais..... Citoyens, que leurs urnes cinéraires vous rappellent sans cesse et la scélératesse de vos ennemis, et la manière dont doit mourir un républicain ! Que ces urnes funèbres soient portées toujours devant vous, dans vos fêtes nationales ; qu'elles fassent souvent couler vos pleurs, et que leur aspect douloureux redouble la haîne que vous devez porter aux traîtres, aux fédéralistes, aux conspirateurs de tous les genres.

Que le vieillard les montre à ses enfans, ces urnes saintes ; et qu'il leur dise : Enfans ! voilà les restes précieux des grands hommes qui ont perdu la vie en travaillant à votre liberté ! ô français, qui jouissez des bienfaits de la liberté, voyez ce qu'elle a coûté à vos pères ! apprenez qu'il leur a fallu vaincre et la séduction des perfides,

et les poignards des homicides : enfans ;
le bonheur, la tranquillité, la liberté sont
les fruits de leurs travaux, l'assassinat a
été leur récompense. Périsse le dernier des
rois! Périsse le dernier des monstres qui
ont osé porté une main parricide sur ces
pères de la liberté! qu'on poursuive ces
scélérats ans leurs derniers retranche-
mens, et que la postérité puisse dire en
voyant les restes de ces martyrs du patriotisme : ils ont péri pour leur patrie; mais
leur braves concitoyens n'ont pas laissé
leur mort impunie : les trônes sont renversés, les prêtres fanatiques sont anéantis,
les traîtres sont sacrifiés à leurs mânes
sanglans : ces victimes infortunées ont été
vengées!....

Citoyens, c'est du haut de cette montagne, l'effroi des tyrans, que nous enle-
vons les bustes respectables de Marat et
de Lepelletier pour les conduire au lieu
de leur apothéose ; accompagnez tous leur
pompe triomphale, et que des chants pa-
triotiques élèvent dans les airs l'hommage
qu'un peuple libre rend à ceux qui ont
perdu la vie en défendant la plus belle des
causes, celle de la liberté!

CHŒUR.

AIR : Où peut-on être mieux etc.

Où peut-on être mieux qu'au sein de sa famille!
Amis, il nous faut répéter :
Vive Marat! vive Charlier!
Vive Lepelletier!

SECONDE STATION

AU

TOMBEAU DES SANS-CULOTTES.

CITOYENS,

Voici un monument funèbre qui retrace des regrets bien douloureux pour tous les cœurs sensibles. C'est ici le tombeau de vos braves camarades, morts les armes à la main en défendant leur patrie ; c'est ici le tombeau des Sans-Culottes !... Pouvait-on ériger ce monument dans un lieu plus couvenable ! Au pied de la rue des martyrs ! non loin de ce lieu de délassement, où vous allez, tous les jours de repos, prendre un plaisir innocent que le riche, fastueux et ennuyé, payerait en vain au poids de tout son or. Oui, braves Sans-Culottes morts pour la liberté, c'est près de ces lieux témoins de vos plaisirs, que nous venons déplorer votre trépas prématuré. C'est ici que nous venons arroser vos cendres des larmes de la tendresse et de la douleur !... Intrépides défenseurs de la France, vous n'êtes donc plus ? Vous n'avez donc pu voir briller que l'aurore de cette liberté pour laquelle vous vous êtes sacrifiés! C'est donc pour le bonheur de vos concitoyens que, vous précipitant au milieu des hasards, vous avez rencontré la mort, la mort qui vous a saisi dans le cours de vos glorieux exploits!... Oh! que ne puis-je évoquer vos ombres sanglantes! Chacune d'elle me dirait qu'avant de descendre au tombeau, vous avez fait mordre la poussière à plus d'un ennemi: chacune d'elles m'assurerait que le trépas d'un patriote a coûté plus de vingt esclaves aux tyrans: chacune d'elles enfin me répéterait ces mots sacrés, ces derniers mots que vous avez fait entendre en fermant les yeux à la lumière: *je meurs pour ma patrie: vive la République.*

O mânes des héros que nous pleurons Levez-vous à ma voix? Venez voir vos frères consternés de votre perte: venez essuyer les larmes qu'ils répandent sur ce triste monument qu'ils ont élevé à votre mémoire; venez leur prouver qu'il n'y a point de mort plus glorieuse que la vôtre, ni d'hommage plus touchant pour vous, pour la patrie, que celui que nous vous

Mais que vois-je n ânes plaintifs !.. Mes yeux, en se promenant sur ce peuple de républicains , apperçoivent vos femmes, vos enfans!.. Oh! approchez, approchez, famille d'héros morts pour la liberté! Approchez orphelins intéressans ! vous avez perdu votre père; mais il vous reste une mère généreuse et sensible. La patrie vous a tous adoptés : oui , vous êtes ses enfans, elle ne vous abandonnera jamais! veuves gémissantes, approchez-vous aussi, vous avez perdu vos époux; nous avons perdu nos frères! Ne formons plus qu'une grande famille ! que les bienfaits de la patrie soit en commun entre tous ; que le froid égoïste soit rejetté de son sein maternel, et que les mères , les épouses et les enfans des héros que nous pleurons, deviennent nos mères, nos sœurs et nos enfans.

Et vous, citoyens , vous qui jettez un regard douloureux sur ce monument consacré à la mort, mais non à l'oubli? Entendez-vous les accens des ombres qu'il renferme. Connaissez - vous l'engagement qu'elles vous imposent! ne vous indiquent-elles pas assez l'usage du fer que la patrie a placé en vos mains!.... Mais, ai-je besoin

ue vous en dire d'avantage! ne vois-je pas
briller sur vos fronts généreux le courage
et le désir de venger la mort de vos frères.
Oui, braves républicains, vous les ven-
gerez!... Oui, mânes plaintifs, vous serez
vengés!... La mort de tous les rois n'est
pas assez pour dédommager de la perte
d'un seul patriote! Il faut que tous leurs
vils suppots périssent avec eux : il faut que
du Nord au Midi, la terre soit balayée
des partisans de l'esclavage, et que le dés-
potisme fuyant de la surface de la terre, ne
trouve pas un seul asyle où reposer sa tête
hideuse. Voilà, républicains, ce que vous
disent les ombres errantes de vos frères
égorgés; voilà le seul hommage qui puisse
leur plaire, et ce qu'attend de vous la patrie.

COUPLETS

SUR LE

TOMBEAU DES SANS-CULOTTES.

AIR : *Aussitôt que la lumière.*

Arrêtez-vous, patriotes,
Des droits de l'homme vengeurs :
Au tombeau des sans-culottes
Venez tous verser des pleurs :
Ils sont morts pour la patrie,
Et pour votre liberté :
Cette mort digne d'envie
Mène à l'immortalité.

Quand vous suivrez nos bannières,
Lorsque vous battrez au champ,
N'oubliez pas que vos frères
L'ont arrosé de leur sang.
Que des tyrans de la terre
L'étendart soit renversé :
Broyez leurs corps en poussière.
Dans le sang qu'ils ont versé.

Ce tombeau patriotique,
Témoin de notre douleur,

C'est la piété civique
Qui l'élève à la valeur;
Que le tombeau du despote,
D'or, par-tout soit revêtu :
Les pleurs d'un seul patriote
Honorent plus la vertu.

O victimes innocentes
De la trahison des rois!
De vos ombres gémissantes
Nous entendons tous la voix.
Vos enfans à la patrie
Appartiendrons désormais:
Une famille chérie,
Voilà *le Peuple Français.*

Troisième station au boulevard Mont-
Martre.

NOTA. Le discours fait en l'honneur de Marat,
n'ayant pas été fourni asssz à tems à l'impression,
ne se trouve point ici.

COUPLETS

A MARAT.

Air: ... le cœur d'une cruelle etc...

Marat, ton patriotisme
eut dans le cœur des français :
Ton courage et ton civisme
Nous ont comblés de bienfaits.
La République,
Dont tu fus le fondateur,
Excitera notre ardeur
Et notre amour patriotique.

Oui, nous jurons à la ronde
D'écraser la royauté,
De parcourir tout le monde,
D'y prêcher l'égalité.
La République etc....

Par le Citoyen PERNET, *membre du
Comité Révolutionnaire de la
Section du Mont-Blanc.*

DISCOURS

SUR

LEPELLETIER

 Lepelletier n'est plus, Citoyens. Un monstre dont nous ne devons jamais citer le nom pour ne point lui donner cette célébrité du crime qui suit les grands scélérats, comme celle de la vertu accompagne les grands hommes; un suppôt du despotisme a immolé *Lepelletier* au moment où il venait de voter la mort du tyran. C'est ainsi qu'un acte de vertu a été récompensé par la mort la plus cruelle et l'agonie la plus douloureuse! Oh! qu'un patriote est grand à ses derniers momens!.. oh! qu'il est sublime lorsqu'il exhale le dernier soupir de la vie! Sa dernière pensée est pour la patrie: son dernier regard se tourne vers sa patrie: ses derniers vœux sont encore pour sa patrie. Sa patrie est tout pour lui. La mort, la vie, la douleur, rien ne l'inquiète tant que le bonheur de son pays : il supporte tout, il oublie tout: comme il n'a vécu que pour ses concitoyens, il meurt pour eux, et sa mort est même un bonheur à ses yeux quand elle peut être utile à la cause de la liberté.

Tel a été Lepelletier!... Le coup qui l'a frappé lui a paru léger quand il a pensé qu'il servirait à faire connaître les véritables ennemis du peuple et de la sainte Montagne : le parti des lâches brissotins, les crapauds du marais criaient sans cesse que leurs jours n'étaient pas en sûreté, que les patriotes en voulaient à leur vie!.... Un représentant du peuple tombe, et ce représentant est un de ceux qui ont vôté la mort de Capet, un des sages de la Montagne.... De quel côté était donc le danger, perfides brissotins!.. Etait-il pour ceux qui voulaient sauver le tyran ? Etaitil pour les assassins de *Lepelletier* ? Etait il pour ceux qui ne savaient que porter leurs coups dans l'ombre, et qu'assassiner! Infortuné *Lepelletier*! tu fus leur victime, mais bientôt on vit rouler du haut de la Montagne les rochers pesans de la vengeance, qui les écrasèrent et vengèrent ainsi ta mort prématurée. Ils ne sont plus, et tu vis dans les cœurs de tous tes concitoyens. Leur mémoire est odieuse à tous les fran-

çais, et la tienne est chère à tous les vrais
républicains.

Ta blessure saigne encore, ô digne *Lepelletier*! Elle verse encore des flots de
sang! Sur ce lit de mort, où l'art te retrace à nos yeux, tu jettes encore un regard
sur ce bon peuple, pour qui tu as perdu la
vie! Ah! vois avec quelle douloureuse expresion il fixe ton sein percé de coups : ses
yeux humides de larmes parcourent tristement ton corps pâle et sanglant! Entens
ses gémissemens et ses regrets ; qu'ils consolent ton ombre plaintive, et soient la récompense des maux que tu as soufiert pour lui!

Citoyens, *Lepelletier* fût bon et sensible;
tout patriote l'est : tout patriote brûle de
verser le sang des ennemis de la liberté,
mais il est toujours avare du sang ,
même de celui du coupable qu'une erreur
involontaire a écarté de son devoir. *Lepelletier* avait voté pour l'abolition de la peine
de mort, aboition qui ne devait avoir
lieu que lorsque l'indépendance française
aurait été reconnue par toute l'Europe; car
dans une situation révolutionnaire, il faut
extirper de son sein tous les scélérats comme
le laboureur arrache les herbes parasites

avant d'ensemencer son champ. Lepelletier abhorrait le sang, et Lepelletier a été assassiné. O français ! Il n'est pas un seul de vous qui ne s'écrie : mourons, s'il le faut, victimes de la trahison , mais avant de succomber sous un fer homicide , purgeons le sol de la liberté de tous les traîtres pui le souillent encore; et nous serons sûrs au moins d'emporter dans le tombeau l'estime, les revets et la reconnaissance de nos concitoyens.

COMPLAINTE

MARAT ET LEPELLETIÉR.

AIR: *O ma teudre musolle.*

Malheureuses victimes
De notre liberté,
Vous que toujours nous vîmes
Prêcher l'égalité;
Voyez, dans les hommages
De tous vos vrais amis,
Le vœu de tous les âges
Et de tous les pays,

Votre sainte mémoire;
Le tems la chérira.
La muse de l'histoire
Long-tems vous citera.
Vous serez un modèle,
Pour la postérité,
De courage, de zèle
Et de fraternité.

MARAT, pour sà patrie
Avait donné ses jours;
PELLETIER de sa vie

A vu trancher le cours:
La patrie immortelle
Doit les pleurer tous deux;
Et s'ils sont morts pour elle,
Elle vivra pour eux.

J'entends l'airain funèbre,
Et de loin mille cris.
Quelle fête on célèbre
Au milieu de Paris!
C'est un deuil pour la France,
Car je vois la raison
Et la reconnaissance
Ouvrir le Panthéon.

C'est vous qu'on y dépose,
En répandant des pleurs,
De la plus juste cause
Vertueux défenseur!
Français, que leur exemple
Par vous soit imité,
Pour mériter le temple
De l'immortalité.

QUATRIEME STATION

A L'ARC DE TRIOMPHE.

Discours d'inauguration pour les Bustes.

PEUPLE REPUBLICAIN ,

Tu viens de déplorer la perte de deux de tes défenseurs les plus zélés ; tu viens de voir leurs corps mutilés par les poignards de tes ennemis. Peuple Républicain , c'est à toi à placer sur leurs têtes augustes l'auréole brillante de l'immortalité ; c'est de toi que ces bustes chers à la France , chers à tous les amis de la Liberté , attendent la couronne civique , récompense plus flatteuse pour des Républicains , que tout l'or que les despotes font briller aux yeux des malheureux esclaves qu'ils tiennent sous leur joug tyrannique. Peuple Souverain , perces la nuit des tombeaux, soulève le voile de la mort qui couvre les restes précieux de MARAT et de LEPELLETIER : vois - tu leurs mânes sanglans se lever à la voix du Peuple français? entends-tu leur voix gémissante s'écrier avec l'accens de la reconnoissance? « Oh ! qu'il est beau, oh ! qu'il est glorieux

de servir son pays, de mourir pour la cause
de la Liberté ! Peuple généreux, nous t'avons
défendu ; nous avons démasqué les traîtres
qui voulaient t'asservir de nouveau, et les
traîtres nous ont assassiné, ne pouvant t'assassiner toi-même. Ont-ils cru immoler avec
nous la Liberté ? Ont-ils ignoré que la Liberté est indestructible tant qu'il restera un
seul Républicain sur la surface de la terre ?
Peuple bon et généreux, tu nous pleures !...
tu ceins nos têtes de palmes immortelles !
Ah ! venge-nous, venge-toi ; lave dans
le sang des tyrans le crime affreux de leurs
lâches satellites ! Broye sous tes pieds la
tête du dernier des rois ; écrases sur la
pierre l'homme qui serait assez vil pour de-
mander des fers, pour en recevoir de ceux
qui ont égorgé tes amis, qui ont voulu t'é-
gorger toi-même : jures, Peuple magnanime,
jures que tu nous vengeras ».

Oui, MARAT, oui, LEPELLETIER, le
Peuple français a entendu vos accens douloureux : il s'est levé contre les tyrans, et
les tyrans ont caché dans la poussière leur
front pâle et obscurci par le crime et par
le remords. Le vil royaliste, l'astucieux mo-
déré, le lâche insouciant, le perfide égoïste,

tous les partisans de l'odieux esclavage ont disparu comme les brouillards épais que dissout un soleil bienfaisant. A la voix du Peuple, la Liberté s'est assise, rayonnante de gloire, sur les débris du palais des superbes; à la voix du Peuple, des milliers de héros se sont levés tout armés: et la terreur poursuivant le despotisme rugissant, a ébranlé tous les trônes de la terre, tous les trônes qui vont être renversés!

O sainte Liberté, et toi douce Egalité, venez, la Raison, cette seule divinité des français régénérés, va ceindre vos fronts augustes de la palme triomphante. C'est à la Raison que vous devez votre existence, sainte Liberté, douce Egalité. ... C'est la Raison qui vous a crées Oh! pressez-vous toutes les trois : que des chaines de myrthe vous unissent à jamais; que le niveau de l'Egalité se promène sur vous, sur tous les français, et qu'un baiser fraternel apprenne à toutes les nations, à la postérité devenue libre par vous, que des Républicains ne peuvent être heureux que par l'accord fraternel de la Raison, de la Liberté et de l'Egalité.

O français, en contemplant cette scène

délicieuse, en voyant les hommages ci-
viques que nous rendons aux Bustes de
MARAT et LEPELETIER , sentez - vous la
grandeur du prix qui attend l homme qui a
bienservi son pays ? Que votre courage vous
fasse ambitionner tous la même récompense , et que votre seul cri de ralliement
soit , dans tous les tems et dans toutes les
circonstances , celui qui s'élève si souvent
dans les airs , et qui doit terminer toutes
vos fêtes nationales : *Vive la République !*
Vive la République !

COUPLET.

Marat, ne crois pas que des larmes
Soient le seul tribut de nos cœurs ,
Il nous reste encore des armes
Et c'est pour être tes vengeurs :   (*bis*)
Oui, oui, nons jurons sur ta tombe
Que tous tes lâches ennemis,
Tombant sous nos coups réunis,
Pour toi seront une hécatombe.
Aux armes , formons nos bataillons ,
Marchons (*bis*) et que leur sang abreuve nos sillons,

De l'Imprimerie de la citoyenne FONROUGE,
Jardin de la Révolution N.º 9.